BEI GRIN MACHT SICH IHR WISSEN BEZAHLT

- Wir veröffentlichen Ihre Hausarbeit, Bachelor- und Masterarbeit

- Ihr eigenes eBook und Buch - weltweit in allen wichtigen Shops

- Verdienen Sie an jedem Verkauf

Jetzt bei www.GRIN.com hochladen und kostenlos publizieren

Crowdworking. Vor- und Nachteile aus wirtschaftlicher und sozialpolitischer Sicht

Herbert Wurst

Bibliografische Information der Deutschen Nationalbibliothek:

Die Deutsche Nationalbibliothek verzeichnet diese Publikation in der Deutschen Nationalbibliografie; detaillierte bibliografische Daten sind im Internet über http://dnb.d-nb.de abrufbar.

ISBN: 9783389055878
Dieses Buch ist auch als E-Book erhältlich.

Druck und Bindung: Books on Demand GmbH, Norderstedt Germany
Gedruckt auf säurefreiem Papier aus verantwortungsvollen Quellen

Das vorliegende Werk wurde sorgfältig erarbeitet. Dennoch übernehmen Autoren und Verlag für die Richtigkeit von Angaben, Hinweisen, Links und Ratschlägen sowie eventuelle Druckfehler keine Haftung.

Das Buch bei GRIN: https://www.grin.com/document/1496842

Hamburger Fern-Hochschule

Studiengang Wirtschaftspsychologie (M.Sc.)

Hausarbeit
Crowdworking – Vor- und Nachteile aus wirtschaftlicher und
sozialpolitischer Sicht

Modul Digitalisierung in der Arbeits- und Organisationspsychologie
(DIA)

Herbstsemester 2023/2024

von

Herbert Wurst

Abgabedatum: 13.01.2024

Inhaltsverzeichnis

1 Einleitung

Die Arbeitswelt hat sich in den letzten Jahrzehnten grundliegend verändert.

Einerseits hat sich die Arbeitskultur durch neue Generationen weiterentwickelt, was höhere Ansprüche an Flexibilität, Arbeitszufriedenheit damit verbundene Anforderungen bewirkt hat, aber bei weitem nicht auf junge Generationen beschränkt ist.

Andererseits hat die Digitalisierung neue Möglichkeiten geschaffen, die Orts- und Zeit-Unabhängigkeit, schnelle Kommunikationswege und viele weitere neue Möglichkeiten bietet.

Neue Begriffe wie „New Work", „VUCA", „Crowdworking", „Crowdsourcing" und viel andere mehr oder weniger klare Definitionen sind in der Arbeitswelt aufgetaucht und werden regelmäßig thematisiert.

In der vorliegenden Hausarbeit wird insbesondere auf das Thema „Crowdworking" eingegangen, ein inzwischen etablierter Begriff und eine häufig genutzte Möglichkeit der Arbeitsorganisation.

Es wird im Folgenden auf die Begrifflichkeiten selbst, sowie die damit verbundenen Tätigkeiten, Vor- und Nachteile eingegangen.

Auch die Akteure werden in die Betrachtung mit einbezogen.

Neben der wirtschaftlichen Sichtweise werden auch sozialpolitische Aspekte betrachtet.

Insofern lautet die zentrale Fragestellung in der vorliegenden Hausarbeit:

Welche Vor- und Nachteile entstehen beim Crowdworking, sowohl aus wirtschaftlicher, als auch aus sozialpolitischer Sicht?

In dieser Hausarbeit wird dieser Fragestellung nachgegangen und diese näher untersucht.

2 Grundbegriffe

Im Rahmen der Vielfalt der Begriffe in der neuen Arbeitswelt soll nur auf einige relevante eingegangen werden, nämlich New Work, VUCA und Crowdworking.

Diese werden im Folgenden beschrieben. Dabei soll auch darauf hingewiesen werden, dass es teilweise abweichende Definitionen geben kann, aufgrund der Neuartigkeit der Begriffe und der verschiedenen Sichtweisen.

2.1 New Work

Gemäß der Haufe Akademie beschreibt New Work den strukturellen Wandel in unserer Arbeitswelt, was durch die Digitalisierung und die veränderten Anforderungen und Bedürfnisse der nachfolgenden Generationen, die auf den Arbeitsmarkt drängen, bedingt wird und viele neue Chancen bietet (Haufe Akademie, 2023).

2.2 VUCA

Das gegenwärtige Wettbewerbsumfeld von Unternehmen und Organisationen kann mit dem Begriff „VUCA" beschrieben werden. Damit sind die folgenden Begriffe gemeint: Volatile (volatil), uncertain (ungewiss), complex (komplex) und ambiguous (mehrdeutig) (Mrass et al., 2018, S.1).

2.3 Crowdworking

Katharina Schlicher definiert Crowdworking als inhaltlich und zeitlich abgegrenzte Aufgaben von Auftraggebern, meist Unternehmen, an Personen, die im Internet angeboten werden. Diese Aufgaben werden gegen Bezahlung bearbeitet (Schlicher, K. D., 2020, S. 2).

Die Aufgaben können sich dabei in ihrer Art von einfachen Tätigkeiten, sogenannten Microtasks, bis zu anspruchsvollen, komplexen Aufgaben erstrecken, zum Beispiel im Programmierungsbereich. Die Bearbeitungsdauer kann von wenigen Sekunden bis zu Tagen variieren. Dabei erfolgt die Entlohnung entweder pro erfolgreich bearbeiteter Aufgabe oder nach dem Wettbewerbsprinzip (Schlicher, K. D., 2020, S. 2).

Für Robert Kneschke gilt Crowdworking als neue Möglichkeit zur Auslagerung bestimmter Aufgaben und Aufträge (Kneschke, R., 2022, S. 3).

Kneschke erklärt, dass sich Crowdworking, manchmal auch als Crowdsourcing bezeichnet, aus den folgenden englischen Worten zusammensetzt: Crowd (Menge, Masse) und Working (Arbeiten). Dabei werden Aufgaben, die früher an Freelancer übertragen wurden, nun in einem Pool an Menschen, der sogenannten Crowd, angeboten. So können die Crowdworker ohne festes Arbeitsverhältnis bestimmte Aufgaben annehmen und ausführen (Kneschke, R., 2022, S. 3).

Kneschke nennt als Beispiele für Crowdworking das Sammeln von Geodaten, das Erstellen von Preisvergleichen und die Durchführung von Tests (Kneschke, R., 2022, S. 3).

Der Begriff der Masse wird in einer weiteren Definition aufgegriffen. Beim Crowdworking werden demnach einzelne Aufträge an eine Masse von unbekannten Akteurinnen und Akteuren über einen offenen Aufruf auf einer Internetplattform angeboten (Pfeiffer, Kawalec, Held & Held, 2019, S. 750).

Es gibt auch eine weiter gefasste Definition, die innerbetriebliche Personen beinhaltet. Demnach sind Crowdworker Personen, die virtuelle Tätigkeiten ausüben, als Teil eines größeren Projekts, an dem verschiedene Personen arbeiten. Diese Tätigkeit kann auch Personen innerhalb eines Unternehmens betreffen (Hackl et al., 2017, S. 223).

Sowohl temporäres Outsourcing an Selbständige, als auch die Tätigkeit durch eigene Arbeitnehmer fallen demnach unter den Begriff des Crowdworkings, allerdings handelt es sich üblicherweise um freie Mitarbeiter mit Vermittlung über Internetplattformen (Hackl et al., 2017, S. 223).

Auch gibt es eine Definition, bei der zwischen Onsite- und Online-Arbeit unterschieden wird. Die Onsite-Arbeit umfasst Arbeiten vor Ort, zum Beispiel Babysitter, Essensauslieferer, Reinigungskräfte etc. Die Online-Arbeit bezieht sich auf Aufträge, die mithilfe des Internets bearbeitet werden können (Kneschke, R., 2022, S. 5). In dieser Hausarbeit wird in erster Linie auf die Online-Arbeit Bezug genommen.

3 Die Beteiligten beim Crowdworking

Wie bereits dargestellt, treffen beim Crowdworking Angebot und Nachfrage aufeinander, wobei das Angebot überwiegend von Unternehmen kommt, und die Nachfrage überwiegend seitens externer Personen, die häufig freiberuflich tätig sind. Auch können unternehmensinterne Personen einbezogen sein.

Außer den Seiten Angebot und Nachfrage sind auch Dritte involviert, zum Beispiel die Plattformen, über die Angebot und Nachfrage abgewickelt werden können.

Auf die Beteiligten wird im Folgenden eingegangen.

3.1 Anbieter

Bei den Anbietern von Crowdworking handelt es sich überwiegend um Unternehmen, die die Aufgaben nach Außen vergeben.

Crowdworking kommt insbesondere in den folgenden Branchen vor:

- Mediendienstleister
- Informations- und Kommunikationstechnik
- Maschinenbau
- Sonstiges verarbeitendes Gewerbe
- Chemie und Pharma

(Kneschke, R., 2022, S. 5-6)

Von den Unternehmen werden beispielsweise das Schreiben von Texten, die Programmierung und Testung von Software, die Kategorisierung von Fotos, sowie das Entwickeln von Logos, Designs, Homepages, Dienstleistungs- und Produktideen über Plattformen an Crowdworker vergeben, die über die ganze Welt verstreut sein können (Gerber, C., Krzywdzinski, M., 2017, S.6).

Für viele Unternehmen stellt sich bei einigen Aufgabenfeldern die Frage des Crowdsourcings statt Festanstellungen, insbesondere in Anbetracht möglicher betriebswirtschaftlicher Vorteile (Schröder, L., Schwemmle, M., 2012, S. 2).

3.2 Crowdworker

Wie bereits erwähnt, handelt es sich bei den Crowdworkern häufig um Freiberufler oder ähnliche Personen, was jedoch nicht ausschließlich der Fall ist.

Die Universität Bielefeld führte eine Studie durch, die sich mit Crowdworking und insbesondere Crowdworkern beschäftigte.

Im Rahmen der Studie wurde unter anderem die Motivation der Crowdworker untersucht.

Unterschieden wurde hierbei zwischen intrinsischen und extrinsischen Anreizen der Crowdworker.

Als intrinsische Anreize für Crowdworking wurden Selbstverwirklichung, Spaß, Weiterentwicklung von Fähigkeiten und Autonomie genannt (Feldmann, C. et al., 2018, S. 16).

Als extrinsische Anreize für Crowdworking wurden Anerkennung, Vergütung, Selbstmarketing, Austausch mit anderen Crowdworkern, flexible Arbeitsgestaltung und das Leisten von Beiträgen genannt (Feldmann, C. et al., 2018, S. 16).

In einer Studie der Hans-Böckler-Stiftung wurden die Strukturen der Crowdworker untersucht.

Im Rahmen der explorativen Vorstudie wurden von den 12 Interviewpartnern die folgenden Werte ermittelt (Leimeister J. M. et al., 2016, S. 24):

- Aufträge: Zwischen 7 und 272, abhängig von den Aufgabenstellungen und Erfahrungen der Crowdworker. Schreib- und Übersetzungsaufträge waren mit eher hohen Auftragszahlen verbunden, Programmieraufträge mit eher niedrigeren Auftragszahlen.
- Kunden: Zwischen 5 und 196, abhängig von den Aufgabenstellungen und Erfahrungen der Crowdworker. Schreib- und Übersetzungsaufträge waren mit eher hohen Kundenzahlen verbunden, Programmieraufträge mit eher niedrigeren Kundenzahlen.
- Stundenlohn: Zwischen 3 und 70 €, wobei Schreiben und Übersetzen im niedrigen und mittleren Bereich lagen, Programmieren im mittleren und höheren Bereich.
- Das monatliche Einkommen lag teilweise unter 1.000 €, maximal lag es bei 4.000 €, wobei der Bereich zwischen 1.500 € und 2.000 € häufig vorkam.

In dieser Studie wurde auch angemerkt, dass die erfahrenen Crowdworker ein höheres Einkommen erreichen und sich teilweise die Aufträge aussuchen können. (Leimeister J. M. et al., 2016, S. 24-25).

Nach dieser explorativen Vorstudie wurde eine vertiefende Studie mit 248 Teilnehmenden durchgeführt.

Die Geschlechterverteilung wurde wie folgt festgehalten :

- Weiblich: 44 %
- Männlich: 56 %

(Leimeister J. M. et al., 2016, S. 33)

Die prozentuale Verteilung des Familienstands war wie folgt:

- Ledig: 53 %
- Verheiratet / Lebenspartnerschaft zusammenlebend: 31 %
- Sonstige / keine Angaben: 16 %

(Leimeister J. M. et al., 2016, S. 33)

Die Schulbildung setzte sich wie folgt zusammen:

- Hochschulreife, Fachhochschulreife: 76 %
- Realschulabschluss: 16 %
- Hauptschulabschluss: 3 %
- Sonstige: 5 %

(Leimeister J. M. et al., 2016, S. 35)

Darüber hinaus hatten 48 % der Crowdworker einen Bachelor-, Master- oder Magisterabschluss bzw. ein Diplom (Leimeister J. M. et al., 2016, S. 37).

Der Mittelwert des monatlichen Einkommens durch Crowdworking lag bei den Befragten dieser Studie bei 543 €, wobei dies 32 % deren monatlichen Gesamteinkommens und 13,7 Stunden wöchentliche Arbeitszeit repräsentierte (Leimeister J. M. et al., 2016, S. 43, 47, 51).

Von den Crowdworkern arbeiteten 83 % von zuhause aus und 17 % an einem anderen oder wechselnden Orten (Leimeister J. M. et al., 2016, S. 54).

3.3 Sonstige Beteiligte

An dieser Stelle sollen zunächst die Plattformen erwähnt werden, die sozusagen die Vermittlerfunktion wahrnehmen bzw. das Bindeglied zwischen Angebot und Nachfrage sind.

Unterschieden werden können die Plattformen wie folgt:

- Microtask-Plattformen, z. B. clickworker, Mylittlejob
- Marktplatz-Plattformen, z. B. Crowd Guru, content.de
- Design-Plattformen, z. B. 12designer, designenlassen.de
- Testing-Plattformen, z. B. Applause, Testbirds
- Innovationsplattformen, z. B. jovoto, unserAller

(Leimeister J. M. et al., 2016, S. 19)

Im Bereich des Crowdworkings versuchen Gewerkschaften, Einfluss zu gewinnen. So erklärt zum Beispiel Verdi, dass der Begriff der Guten Arbeit auch für die Crowd gilt und stellt die Frage, wie die Beteiligung an neuen Arbeitsformen möglich ist, Crowdworker/innen sich organisieren und gemeinsam verhandeln können (Verdi, 2022).

Auch das EU-Parlament und der Rat der Europäischen Union arbeiten an einer Verbesserung der Arbeitsbedingungen und der Rechtssicherheit im Rahmen von Crowdworking (Haufe Akademie, 2023).

Für die Finanzbehörden ist Crowdworking ebenfalls ein Thema. Die entsprechenden Einkünfte sind zu versteuern, das Thema der Scheinselbständigkeit ist im Blick zu behalten (Haufe, 2022).

4 Vor- und Nachteile von Crowdworking

Die relativ neue Art, Aufgaben zu verteilen und zu bezahlen, sowie Wertschöpfung zu generieren, kann aus verschiedenen Blickwinkeln betrachtet werden.

Unter den im Folgenden beschriebenen wirtschaftlichen Vor- und Nachteilen ist die Unternehmenssicht zu verstehen.

Die wirtschaftlichen Aspekte der Crowdworker werden unter den sozialpolitischen Vor- und Nachteilen behandelt.

4.1 Wirtschaftliche Vor- und Nachteile

Mrass et al. stellen fest, dass die Organisationsgrenzen von Unternehmen immer durchlässiger werden. Sie sehen, dass Unternehmen künftig auf einen Mix aus internen Mitarbeitern, Freelancern, „klassischem" Outsourcing und der Abwicklung von Arbeit über Crowdworking-Plattformen setzen können (Mrass et al., 2018, S.2).

Kneschke sieht die Vorteile vor allem in der raumübergreifenden und zeitlich unabhängigen Komponente (Kneschke, R., 2022, S. 9).

Die räumliche Flexibilität stellt laut Kneschke einen weitaus schwerwiegenderen Vorteil dar. So müssen nicht mehr extra Mitarbeiter in Deutschland gesucht werden, sondern stattdessen auch internationales Personal (Kneschke, R., 2022, S. 9).

Als Nachteile betrachtet Kneschke die mangelnde Qualitätskontrolle, was ein nicht unwesentliches Risiko darstellt. Zwar könne das Endergebnis kontrolliert werden, nur schwer jedoch die Crowd, da die Aufgaben weitestgehend anonym vergeben werden (Kneschke, R., 2022, S. 10).

Kneschke stellt auch fest, dass weniger als 5 Prozent der Unternehmen die Möglichkeiten des Crowdworkings nutzen. Die meisten Unternehmen hegen noch Zweifel, insbesondere aufgrund der Auffassung, dass unternehmensinterne Aufgaben nicht outgesourct werden können, und da unternehmensspezifisches Know-how abfließen könnte (Kneschke, R., 2022, S. 9-10).

4.2 Sozialpolitische Vor- und Nachteile

Amerikanische Crowdworking-Plattformen wie Amazon Mechanical Turk, CrowdFloer oder Upwork haben teilweise mehrere Millionen registrierte Crowdworker, deutsche Plattformen wie Crowd Guru, jovoto oder Clickworker haben jeweils mehrere zehn- oder hunderttausend Registrierungen (Gerber, C., Krzywdzinski, M., 2017, S.6).

Die zeitliche Flexibilität durch Crowdworking betrachtet Kneschke als familienfreundliche Maßnahme, auch in Hinblick auf die Vereinbarkeit von Familie und Beruf (Kneschke, R., 2022, S. 9).

Wie bereits erwähnt, wurden von Crowdworkern als intrinsische Anreize Selbstverwirklichung, Spaß, Weiterentwicklung von Fähigkeiten und Autonomie genannt, als extrinsische Anreize für Crowdworking wurden Anerkennung, Vergütung, Selbstmarketing, Austausch mit anderen Crowdworkern, flexible Arbeitsgestaltung und das Leisten von Beiträgen genannt (Feldmann, C. et al., 2018, S. 16).

Als nachteilig kann gesehen werden, dass die in Deutschland etablierten Mechanismen kollektiver Sicherung überwiegend nicht oder nur unzulänglich greifen. Dies können Risiken der Auftragslosigkeit, einer längeren Krankheit und des Alters sein. Demnach kann die Existenz vieler Alleinunternehmer als fragil und verwundbar betrachtet werden, weil sie Marktschwankungen ohne institutionalisierte Schutzmechanismen ausgesetzt sind. (Schröder, L., Schwemmle, M., 2012, S. 5).

Auch kann für Crowdwork eine geringere Vergütung, ein volatiles Einkommen, fehlende Sozialabgaben, sowie fehlende Vergleichs- und Aushandlungsmöglichkeiten einer Betriebsorganisation gesehen werden (Pfeiffer, Kawalec, Held & Held, 2019, S. 248).

Fuß sieht schon deshalb Regulierungsbedarf, damit durch Crowdworking eine Abwärtsspirale der Arbeitsbedingungen vermieden werden kann. Er sieht auch die Gefahr einer digitalen Tagelöhnerei, die ein Einschreiten des Staates rechtfertigt (Fuß, R., 2017, S. 72-73).

Sendker sieht ein Regulierungsdilemma, da nationalstaatliche Regierungsakteure wie zahnlose Tiger erscheinen, da die privatwirtschaftlich betriebenen Plattformen in globalen Dimensionen agieren. Auch könnten Unternehmen ihren Firmensitz in weniger regulierte Länder verlegen (Sendker, M., 2017, S. 85-86).

5 Fazit

Wie in den Studien erkennbar ist, besteht in dieser relativ neuen Arbeitsform seitens der Crowdworker großes Interesse, zumindest sind sehr viele Crowdworker auf den einschlägigen Plattformen registriert.

Auch die Unternehmen sehen erhebliche Vorteile im Crowdworking, gehen aber relativ zögerlich auf dieses Thema zu, da diverse Unsicherheiten bestehen, in Bezug auf die Rahmenbedingungen, die Qualitätssicherung und das Risiko, unternehmensinternes Know-how zu verlieren.

Der Crowdworking-Markt ist kaum reguliert und aufgrund der globalen Märkte und der globalen Plattform-Anbieter auch wenig regulierbar, sowie kaum transparent.

Soziale Sicherungssysteme sind kaum wirksam. Für Crowdworker gelten im Wesentlichen die gleichen Rahmenbedingungen wie für Unternehmer und andere Selbständige. Insofern ist der Vergleich mit den sozialen Sicherungssystemen fest angestellter Arbeitnehmer nur eingeschränkt vergleichbar, da in ähnlichen Berufen diese sozialen Sicherungssysteme ebenfalls nur eingeschränkt vorhanden sind.

Als großer Vorteil wird sowohl von den Unternehmen als auch von den Crowdworkern die räumliche und zeitliche Flexibilität gesehen. Sowohl der Markt an angebotenen Aufgaben, als auch das zur Verfügung stehende Personal stehen weltweit zur Verfügung. Die Arbeitszeiten und Fertigstellungszeiten unterliegen keiner Regulierung und sind frei vereinbar.

Ein Machtgefälle zwischen den Unternehmen und den Crowdworkern ist anzunehmen, allerdings können sich beide Seiten selbst entscheiden, mit wem sie zusammenarbeiten. Bei erfahrenen Crowdworkern ist dies offenbar der Fall.

Bemerkenswert ist, dass insbesondere Personen mit höherer Bildung als Crowdworker tätig sind. Es ist zu vermuten, dass ihnen die mit einer Festanstellung verbundenen Sicherheitsaspekte weniger bedeutsam sind.

Da der größte Anteil an Crowdworkern von zuhause aus arbeitet, sind gering besiedelte Regionen im In- und Ausland weniger benachteiligt als bei Präsenztätigkeiten, die häufig mit Vorteilen in den Ballungsräumen und mit umweltschädlichen Fahrten zur Arbeit verbunden sind.

Es wäre jedoch wünschenswert, wenn mittelfristig durch stärkere Transparenz ausgeglichenere Machtverhältnisse entstehen, was zu besserer Entlohnung und Auftragsstabilität führen könnte.

6 Literaturverzeichnis

Feldmann, C., Hemsen, P., Giard, N. (2018). *Crowdworking: Einflüsse der Arbeitsbedingungen auf die Motivation der Crowd Worker.* Universität Bielefeld. Verfügbar unter: https://pub.uni-bielefeld.de/record/2930948. Letzter Zugriff am 28.12.2023.

Fuß, R. (2017). *Ökonomische Grundlagen und Regulierungsbedarf bei Crowdworking.* In: Crowdworking und Gerechtigkeit auf dem Arbeitsmarkt. Dabrowski, M., Wolf, J. (Hg.). Paderborn: Verlag Ferdinand Schöningh.

Gerber, C., Krzywdzinski, M. (2017). *Schöne neue Arbeitswelt? Durch Crowd-Working werden Aufgaben global verteilt.* WZB Mitteilungen; Heft 155. Verfügbar unter: https://bibliothek.wzb.eu/artikel/2017/f-20463.pdf. Letzter Zugriff am 28.12.2023.

Hackl, B., Wagner, M., Attmer, L. & Baumann, D. (2017). *New Work. Auf dem Weg zur neuen Arbeitswelt. Managementimpulse, Praxisbeispiele, Studien.* Wiesbaden: Springer.

Haufe (2022). Crowdsourcing: *Was Unternehmen rechtlich beachten müssen.* Verfügbar unter: https://www.haufe.de/personal/arbeitsrecht/rechtliches-zum-crowdsourcing_76_499918.html. Letzter Zugriff am 28.12.2023.

Haufe Akademie (2023). *EU schafft bessere Arbeitsbedingungen für Plattformbeschäftigte.* Verfügbar unter: https://www.haufe.de/personal/hr-management/die-fairsten-crowdsourcing-plattformen_80_517766.html. Letzter Zugriff am 28.12.2023.

Kneschke, R. (2022). *Crowdworking: Eine neue Arbeitsform für Unternehmen.* Verfügbar unter: https://www.personalwissen.de/arbeitsalltag/arbeitsmethode/crowdworking-ueberblick/#. Letzter Zugriff am 28.12.2023.

Leimeister J. M., Durward, D., Zogaj, S. (2016). *Crowdworker in Deutschland.* Düsseldorf: Hans-Böckler-Stiftung. Verfügbar unter: https://www.boeckler.de/pdf/p_study_hbs_323.pdf. Letzter Zugriff am 28.12.2023.

Mrass, V., Peters, C. (2018). *Crowdworking-Plattformen als Intermediäre und Instrumente neuer Formen der Arbeitsorganisation.* In: Abschlussband Projekt „Herausforderung Cloud und Crowd". Freiburg: Haufe Verlag.

Pfeiffer, S., Kawalec, S., Held, M. & Held, V. (2019). *Crowdworking und Leistungsgerechtigkeit. Ansprüche von Crowdarbeitenden an distributive, prozedurale und informationale Gerechtigkeit.* HMD 56, 748-765. Verfügbar unter: https://doi.org/10.1365/s40702-019-00542-5. Letzter Zugriff am 28.12.2023.

Schlicher, K. D. (2020). *Crowdwork – die Arbeitsform der Zukunft?* Verfügbar unter: https://www.zukunftdernachhaltigkeit.de/2020/05/07/crowdwork-die-arbeitsform-der-zukunft-forschungsergebnisse/. Letzter Zugriff am 28.12.2023.

Schröder, L., Schwemmle, M. (2012). *Gute Arbeit in der Crowd?* Verfügbar unter: https://innovation-gute-arbeit.verdi.de/++file++53e496e3aa698e05fb00017c/download/Schr%C3%B6der%20Schwemmle%20Gute%20Arbeit%20in%20der%20Crowd.PDF. Letzter Zugriff am 28.12.2023.

Sendker, M. (2017). *Monitoring-Aspekte und das Regulierungsdilemma in Cloud Arbeitsmärkten.* In: Crowdworking und Gerechtigkeit auf dem Arbeitsmarkt. Dabrowski, M., Wolf, J. (Hg.). Paderborn: Verlag Ferdinand Schöningh.

Verdi (2022). *Besser arbeiten in der Crowd.* Verfügbar unter: https://www.verdi.de/themen/digitalisierung/crowdwork. Letzter Zugriff am 28.12.2023.

BEI GRIN MACHT SICH IHR WISSEN BEZAHLT

- Wir veröffentlichen Ihre Hausarbeit,
  Bachelor- und Masterarbeit

- Ihr eigenes eBook und Buch -
  weltweit in allen wichtigen Shops

- Verdienen Sie an jedem Verkauf

Jetzt bei www.GRIN.com hochladen und kostenlos publizieren